AF563907

MÉMOIRE.

ERRATA.

Pag. 4. ligne 35. au lieu de : pénible soit, lisés : pénible que soit.

--- 5. --- 21. au lieu de : maitre, lisés : maitres.

--- 7. --- 8. au lieu de : erigé, lisés : érigés.

--- --- --- 37. au lieu de : et de , lisés : et à une.

--- 11. --- 20. au lieu de : eu voulu, lisés : eut voulu.

--- 12. --- 3. au lieu de : avait, lisés : avaient.

--- 14. --- 18. au lieu de : que, lisés : qui.

--- 17. --- 37. au lieu de : rendent, lisés : rendissent.

--- 28. --- 32. au lieu de : citoyens, lisés : citoyen.

--- 31. --- 7. au lieu de : quelque, lisés : quelqu'un.

--- --- --- 13. de la note, au lieu de : le notariat, lisés : au notariat.

MÉMOIRE

énonciatif des faits qui se sont passés dans la commune de Haguenau depuis l'an deux de la République jusqu'à ce jour.

AU CORPS LÉGISLATIF, AU DIRECTOIRE EXÉCUTIF, AUX AUTORITÉS CONSTITUÉES DE TOUTE LA RÉPUBLIQUE ET A TOUS LES CITOYENS FRANÇAIS.

Qu'importe ce qu'un jour on pourra publier,
Dans l'intérêt commun sachons nous oublier !

Epicharis et Néron, *Act.* I. *Scène* 3.

STRASBOURG,
CHEZ C. F. PFEIFFER.

Ce mémoire était prêt à paraitre le vingt-cinq Ventôse ; mais ayant voulu éviter le reproche d'avoir cherché d'attaquer Vilvot au moment même de la réunion des assemblées primaires, et de ne lui avoir laissé le tems de répondre ; on a mieux aimé en différer la publication au risque même de le voir réélu par les bons citoyens qu'il égare, ce qui est arrivé en effet.

MÉMOIRE

énonciatif des faits qui se sont passés à Haguenau depuis l'an deux de la République jusqu'à ce jour.

Le jour viendra sans doute, où le peuple français suffisamment éclairé par ses maux passés, et appuyé de cette expérience acquise dans l'école du malheur, n'aura plus besoin de guide pour juger ses fonctionnaires. Il scrutera lui-même la conduite de ses mandataires et magistrats ; le républicanisme pur ; la probité incorruptible paraitront dans tout leur éclat et réuniront tous les hommages ; et l'avide rapacité, la soif des richesses, l'esprit d'intrigue et la popularité hypocrite pâliront d'effroi, et recevront sur leur front flétri l'empreinte du sceau réprobateur de l'indignation nationale. Malheur alors à l'insensé qui dans son délire croira récuser impunément cet auguste tribunal, & couvrir encore à l'aide de basses intrigues et d'une loquacité ampoulée, ses malversations passées et son opulence illicite! mille bouches s'ouvriront pour confondre le criminel, & mille victimes de sa cupidité et de sa vengeance déposeront contre lui et le convriront d'une éternelle infamie aux yeux de ses concitoyens détrompés.

Ce jour viendra sans doute ; mais il n'est malheureusement que trop vrai, et l'expérience l'a assez prouvé depuis le 14 Juillet, qu'il est une classe d'hommes, fléau de tout les états et surtout des républiques, qui réunit tous ses efforts pour tenir le peuple sous sa tutelle ; pour laquelle l'ambition, l'intrigue et la plus basse envie sont des besoins, et qui se mêlant adroitement aux classes pures de la société, et affectant l'amour de la prospérité publique, parvient à lui inoculer son vénin corrupteur, et à pervertir l'opinion à son égard : et le peuple toujours confiant et toujours trompé, est l'éternelle victime de la corruption de quelques faux amis, qui comme le serpent plongent leur dard homicide dans le sein même qui les avait chauffés.

C'est donc un devoir bien impérieux pour l'homme animé du vrai dévouement pour la cause populaire et qui se trouve à même de dévoiler les machinations, les sourdes menées, les spoliations, exactions et dilapidations dont il a connaissance et dont il peut administrer les preuves, de parler sans aucun ménagement, sans crainte et sans passion, de désiller les yeux de ses concitoyens, de leur prêter les moyens de connaitre leurs véritables ennemis et de coopérer ainsi au bien de sa patrie et à l'affermissement de la république.

Nous n'avons ni censeur, ni tribunal censorial pour l'examen de la conduite publique des fonctionnaires ; mais chaque citoyen, quelque pénible que soit cette tâche, doit oublier ses dangers et son répos individuels pour travailler au salut de son pays, et en bravant la calomnie et le ressentiment des méchans, les démasquer aux régards de la nation entière.

N'écoutant que ce cri de ma conscience, et la voix de mon devoir, je me suis déterminé à remplir cette tâche honorable et d'éclairer mes concitoyens sur leurs véritables intérêts, et de mettre sous leurs yeux ce Mémoire énonciatif des faits qui se sont passés à Haguenau depuis l'an deux jusqu'à ce jour. Si je me vois obligé d'y parler des personnes et d'une manière désavantageuse pour elles ; c'est que malheureusement c'était uniquement leur influence qui donna lieu à ces faits, et que c'est encore leur influence qui menace de faire perpétuer les mêmes désordres, si la même crédulité, la même apathie et la même stupeur continuent d'aveugler à leur égard et les autorités supérieures et le peuple.

Après avoir été arraché par les féroces Autrichiens de mon foyer domestique, et conduit par eux, lorsqu'il se furent rendus maitres du Fort-Vauban, au delà du Rhin, pour expier le crime irrémissible à leurs yeux, d'àvoir été fonctionnaire de la République, et surtout d'avoir osé l'aimer ; après avoir été trainé pendant cinq mois de cachot en cachot ; après avoir été abreuvé d'humiliations et accablé de mauvais traitemens sur une terre étrangère au milieu des esclaves, malheureux et aveugles instrumens de la tyrannie royale ; j'eus enfin le bonheur de revoir cette patrie, objet de ma constante sollicitude au milieu des fers. Je la trouvai délivrée des cohortes ennemies, qui dans leur délire avaient pensé en faire leur partage. Mon coeur, ulcéré de ma longue captivité, de la ruine totale de ma fortune par la déstruction barbare du Fort-Vauban par l'ennemi, s'ouvrit pourtant à la joie, à la contemplation des victoires immortelles remportées par nos intrépides phalanges sur les satelites du despotisme étranger.

Je pensais trouver le même sujet de contentement en tournant mes regards vers l'intérieur; je croyais que là aussi tous les abus auraient disparu, toutes les fonctions seraient confiées à des mains pures; que le magistrat du peuple nommé par lui n'aurait pour boussole de sa conduite, que la justice et la loyauté; que la propriété et la vie des citoyens seraient des dépôts sacrés confiés à la vigilance des tribunaux; que l'ennemi seul des droits de l'homme et de la société serait exposé à la vengeance des loix; que l'homme ami de son pays dormirait paisiblement, et serait efficacement protégé contre les atteintes des méchans; que l'homme courageux n'aurait pas à craindre le suplice des conspirateurs en dénonçant les malversations des gardiens infidèles des deniers publics; qu'en un mot des brigands prêts à chaque moment de verser le sang innocent, pour couvrir leurs rapines, n'oseraient jamais s'attribuer le titre auguste de Patriote.... Etrange erreur! combien tu m'avais abusé. Quelle affreuse découverte! quel spectacle déchirant s'est offert à ma vue étonnée! J'ai vû des abus d'autorité tendre à l'oppression universelle; les fonctions livrées à des mains souillées de vols, de brigandages et de meurtres; des magistrats intrus ne connaitre d'autre règle que leur passion momentanée; la propriété des individus et de la République devenir la proie de l'insatiable avidité de quelques hommes sans moeurs et sans vergogne; la vie des citoyens un jouet entre les mains d'un petit nombre de Pachas ; l'ennemi déclaré de l'état restant paisiblement dans ses foyers sous la protecion des hommes en place ; tandis que toutes les terreurs à la fois réveillaient en sursaut le zélé républicain ; que le citoyen probe dénonciateur de ces forfaits était lui-même trainé à l'échaffaud, par ceux qu'il avait dénoncés, et qui s'étaient érigés ses juges et l'avaient condamné ; que les mots : patriote et républicain furent profanés à chaque instant, par l'attribution que s'en donnérent les hommes les plus tarés, les plus vils et les plus criminels....

Convaincu, que la République ne trouve tant d'ennemis dans son sein, que parceque les hommes faibles, qui ne jugent des objets que par leur déhors plus ou moins favorable, voyant tant de dilapidateurs, de gens cupides qui se sont décorés du titre de patriote pour mieux exercer leurs rapines, les voyant, dis-je impunis, se persuadent qu'il est de l'effence de la République de favoriser tous ces excès, tandis qu'un des premiers attributs de celle-ci est la sévère probité ; convaincu de cette vérité, j'entreprends de démasquer ceux qui ont le plus donné lieu à cette erreur si funeste pour l'esprit public.

J'étais arrivé à Haguenau, commune où par la déstruction du Fort-Vauban je fus, obligé de fixer ma demeure, peu de tems après cette déplorable et nombreuse émigration qui eut lieu à la retraite des ennemis dans les deux ci-devant districts de Haguenau et de Wissembourg ; émigration duë en très grande partie aux excès révolutionnaires qui se commirent dans ce département, quoique moins qu'ailleurs, et en partie aussi à un véritable ésprit de haine pour le gouvernement de la République et de folle et coupable espérance de se voir bientôt ramené par les cohortes ennemies. Les effets des fuyards acquis à la République furent confiés par le département d'alors à Vilvot aujourd'hui membre de l'administration municipale dudit Haguenau, avec la qualification de *Commissaire supérieur pour la conservation des effets des émigrés.*

Ce Vilvot, s'appellait autrefois: *Hardel de Wilvot*, et est venu avant la révolution de Rheims à Strasbourg, on ne sait pas trop pourquoi. À Strasbourg il a géré une manufacture qui n'a pas réussi, malgré les sommes énormes que des particuliers avaient employées à cet établissement. A Haguenau, il a encore sçû soutirer au magisrat par l'intervention de l'intendant une somme de 6000 liv., dont il a fait un si utile usage, que la révolution est venuë fort à propos, pour lui épargner l'ouvrage un peu épineux d'en rendre compte. On sait que comme toute chose produit quelque mal à coté du grand bien qui en résulte pour l'humanité, ainsi la révolution en brisant les chaines dont nous accablaient nos tyrans, a en même tems favorisé sans le vouloir les actions flétrissantes d'un petit nombre d'individus, qui pour se libérer de quelqu'incommode créancier, ou de quelque homme instruit de leur histoire passée, se sont dérechef affublé du masque populaire pour se rendre redoutable et par conséquent être à l'abri de toute attaque.

Vilvot parvint donc aussi à l'aide de quelques phrases *extrêmement patriotiques* à en imposer aux crédules, & obtint la place de quartier maître dans un bataillon du Bas-Rhin. Pour savoir comment il a administré les deniers de ses frères d'armes, on n'a qu'à se rappeller la dénonciation qui fut faite contre lui à cet égard par Charles *Perrin*, aujourd'hui adjudant-général à l'armée de Rhin-Mozelle, et hors d'activité. Cette dénonciation fut terminée par un accomodement entre le dénoncé et le bataillon, moyennant que le premier rendrait compte de sa gestion.

Mais Vilvot, qui n'est pas homme à pardonner aisément les manques d'égards qu'on se serait permis contre lui, n'oublia pas au retour de l'armée de Mayence et après la prise des lignes de la Lauter par l'ennemi, de se porter le dénonciateur de Perrin, en lui imputant des propos contre-révolutionnaires tenus par le dénoncé à Mayence, et tendans à ce que disait Vilvot à affaiblir le courage des troupes en les excitant à la révolte et à proclamer un roi. Non content de cette dénonciation, il ne rougit pas de lancer lui-même le mandat d'arrêt contre ledit Perrin, lequel fut condamné à mort par contumace. Le tribunal révolutionnaire, pardevant lequel un décret de la convention nationale a depuis renvoyé Perrin, qui avait sçû se soustraire à ce jugement homicide, à pleinement fait justice et du dénonciateur et de la dénonciation, et Perrin fut renvoyé absous.

Ce fut cet homme, si immoral sous tous les points de vue, qui fut créé dépositaire des effets alors généralement acquis à la république.

Loin de moi de vouloir user envers le lecteur d'aussi peu de ménagement, et mettre sous ses yeux, toute la chaine de dilapidations, d'exactions, d'oppressions et de vengances. Non, je ne ferai que les toucher pour donner à mes concitoyens une idée suffisante de ceux qui meurent de l'ambition de regner, sans leur causer trop de dégout en développant à leurs yeux le rouleau entier de tant d'abominations.

Parmi les personnes émigrées de Haguenau se trouve le nommé *Hager*, propriétaire de l'établissement connu sous le nom de *Rechemuhl* Le citoyen *Bender* attaché depuis très-longtems à cette maison, gênait un peu trop les opérations *conservatrices* de Vilvot et co-associés. Il fallut donc trouver un expédient pour éloigner cet incommode argus. En manque-t-il jamais au fort contre le faible? L'expédient arriva comme de soi-même. Le citoyen Bender avait à l'approche des ennemis, pris une partie de sa fortune et l'avait cachée dans un mûr dudit Rechemühl. L'oeil investigateur de Vilvot découvrit la cachette, et sans dire un mot le citoyen Bender fut arrêté et mis au cachot à Haguenau, sans qu'on lui eut dit le motif de son arrestation. Le citoyen George, officier municipal alors, lui dit seulement : *tu es en arrestation, tu apprendras pourquoi.* Pendant qu'il se trouvait en prison, Vilvot ne *conservait* pas mal son bien. Le boucher Bechtel à Haguenau a été appellé plusieurs fois au Rechemühl pour y tuer des cochons et les porter après dans la maison de Vilvot; le boucher et ses garçons eurent pour leur peine du bon vin, toujours du Rechemühl et même des cochons vivans en furent extraits et menés au domicile de Vilvot, qui étant un peu écarté, était très propre à servir de magasin *conservateur*.

Une autre fois Vilvot prit un ouvrier de Haguenau, et fit sortir du magasin dudit citoyen Bender des carottes d'Hollande, les fit emballer dans deux tonnelets et enlever sur une brouette. Ils pouvaient être environ d'un poids de 530 liv. Un autre jour, il fit enlever un cartel de morue à demi plein, et le fit transporter chez lui.

Il poussa les choses à un tel point jusqu'à venir lui-même au Rechemühl et d'y prendre tout ce qu'il trouvait de beurre fondu, d'œufs, de pommes de terre. Après cette opération il chassa la servante, et intima aux garçons meuniers l'ordre de partir aussitôt qu'ils auraient fini la mouture. Outre cela il fit enlever du vin en bouteilles et plusieurs caisses de chandelles. Il fit distribuer une partie du vin à ses ouvriers et le reste fut emporté chez lui.

Cependant le citoyen Bender non seulement avait connaissance des dilapidations qui se commirent dans sa fortune, mais il se trouvait aussi dans une prison infecte, où trois détenus étaient dejà morts, et lui-même était tombé malade, sans que personne eut voulu avoir pitié de lui, sans qu'il put pendant huit mois recevoir la communication des motifs qui avaient provoqué son arrestation. Il écrivit plusieurs lettres à Vilvot, au comité de surveillance où il invoquait les principes conservateurs de l'humanité et de la société, et leur représentait le mauvais état de sa santé. Nul ne l'écoutait. A la fin Vilvot ne pouvant plus longtems garder le silence, et comptant bien sur l'impunité; parce qu'étant en même tems président du district de Haguenau, rien ne l'empêchait de statuer sur le sort d'un homme qui aurait pu lui devenir dangereux. Il lui écrit donc qu'il était soupçonné d'avoir récélé des effets appartenans à des émigrés. Bender écrivit encore au comité de surveillance; mais celui-ci indigné de ce qu'on se permit du douter de son patriotisme répondit que lui Bender était bien téméraire, que tous les membres avaient la conscience pure, et que ses pièces (un mémoire que Bender lui avait adressé) seraient renvoyées aux juges compétens.

Le citoyen Bender était en effet bien simple d'avoir jamais pu croire qu'il obtiendrait justice contre Vilvot, conservateur, chez Vilvot, président du district; contre les gardes-magasins des effets des émigrés, chez les mêmes gardes-magasins, membres de la municipalité, du comité de surveillance et de la société populaire. Il devait s'attendre à voir sanctionner les vexations de Vilvot conservateur, par Vilvot président, et ainsi du reste. C'était dans l'ordre. Il pouvait même s'attendre à la délibération que le district présidé par Vilvot a pris par la suite à son égard. Pour en saisir toute l'atrocité, il faut dire au lecteur, que le représentant Foussedoire était venu à Strasbourg briser les fers de plusieurs innocens et avait déstitué ceux des fonctionnaires qui avaient le plus contribué aux mesures arbitraires et tyranniques. On savait à Haguenau, qu'il ne tarderait pas de procéder aux mêmes opérations dans cette commune, et qu'il ne manquerait pas d'entendre les réclamations des innocens, pour purger aussi la commune de Haguenau des dilapidateurs et des tyrans. Il fallait donc se défaire de ce terrible témoin, qui aurait pu divulguer les mystères d'iniquité de l'association; le district de Haguenau, présidé par Vilvot, prit donc un arrêté qui ordonna la traduction de Bender à Saverne, devant le directeur du jury, comme prévenu du crime d'avoir récélé des effets des émigrés. Ainsi après deux longues maladies essuyées par Bender tant par l'infection de la prison, que par le dénuement absolu dans lequel on l'avait laissé languir, et par le sentiment de la ruine et de la spoliation de sa fortune, encore tout épuisé et sans forces, ce malheureux citoyen s'est vu non seulement trainé au milieu d'un tems des plus affreux, sur un chariot découvert dès le lendemain à Saverne malgré ses deux lettres à Vilvot et à l'administration, un billet de Vilvot ayant enjoint au brigadier d'opérer le transférement sans aucun délai; mais il s'est aussi vu empêché de faire connaître son innocence au représentant Foussedoire. Vilvot a dû d'autant plus craindre la présence de Bender à Haguenau, que celui-ci l'avait menacé de faire connaître à ce représentant sa manière de conserver.

Mais ce ne sont pas seulement les effets de Bender et de la Rechemühl qui ont été divertis, ceux des autres maisons d'émigrés confiés à la vigilance de Vilvot eurent le même sort.

Le gardien de la maison de l'émigré *Kuhn, le vieux*, nommé *Jean Fleck* après avoir quitté ce poste voulant être paye par Vilvot, fut renvoyé par celui-ci d'un jour à l'autre; fatigué enfin de se voir trainé ainsi et ayant besoin de son argent, il voulut s'adresser à cet effet au district. Vilvot l'ayant rencontré en chemin et ayant sçu le motif qui l'y faisait aller, lui dit: *j'ai ordre à te faire conduire au tribunal révolutionnaire à Strasbourg, parce que tu es un espion*. Pour comprendre cet espionage, il faut savoir, que lorsque Fleck était encore gardien de la maison de Kuhn, il avait été témoin de plusieurs mesures *conservatrices* prises dans cette maison, dont Vilvot aurait souhaité *conserver* le secret à lui seul. Ainsi pour en donner quelques exemples, Vilvot y vint un jour, força les serrures et emporta tout le linge sans dresser inventaire.

Une autre fois il vint avec sa servante, fit enfoncer une armoire et enlever un grand nombre de chemises de femmes sans inventaire. Tantôt c'étaient des bougies enlevées de la boutique et portées par le gardien même dans la maison du *conservateur supérieur pour son usage*, tantôt c'était du coton pour faire des mêches qu'il *vendit* à des citoyens sans dresser aucune note. Un jour c'était de l'huile d'olive et de l'amidon, un autre du chanvre, des chandeliers, des couteaux, des mouchettes, des couvres-pieds d'édredon et autres petits effets qui subirent ses opérations administratives.

La servante même de Vilvot se mêlait de *conserver*. Elle vint un jour dans la maison de l'émigré *Pfaender*, déchira le sceau aposé à la porte de la boutique, prit un pain de sucre, laissâ les deux battans ouverts et partit avec sa charge.

Dans cette maison Pfaender, Vilvot se servit du même moyen qu'il avait employé à l'égard du citoyen Bender pour la maison dit Rechemühl. Il y avait dans la première trois filles nommées Marguerite *Gutmann*, Anne *Kruth* et Rosine *Renner*, qui gênerent les operations, on les fit par conséquent mettre au cachot et leur intima qu'elles n'en sortiraient tant qu'elles n'auroient déclaré *ce qu'il y a de caché dans la maison.* Or ces malheureuses n'ayant connaissance d'aucun objet enfouï ou caché, durent nécessairement rester éternellement au cachot, et c'est bien ce qu'on s'était proposé, pour les éloigner de cette maison. Ces filles simples et innocentes avaient aussi commis la faute de représenter aux commissaires conservateurs, que comme on emportait tout de la maison, vivres, linge etc. pour le transporter dans la maison de *Hager* où logeait Vilvot, elles ne pouvaient plus répondre de rien; que tout était dilapidé et que ni la nation ni la commune de Haguenau, à laquelle on refusait tout, n'en retirerait aucun fruit, elles demandaient à s'en aller moyennant leurs gages et ce qui leur appartenait. On leur refusa cette dernière condition, mais leur dit qu'elles pouvaient s'en aller. Ne pouvant faire l'un sans obtenir l'autre, elles resterent, jusqu'à ce que l'ordre émané du tribunal suprême de la commission *consommatrice*, les mit à même de refléchir à leur naïveté indiscrete.

C'est ainsi que ces hommes se disant ennemis jurés de l'arbitraire, des abus d'autorité et des horreurs des anciens supôts de la tyrannie, en renouvellèrent chaque jour les excès parmi nous; ce sont ces hommes qui ne connaissant plus de frein à leur ambition et rapacité démesurées, immolerent à leur sureté jusqu'au dernier être assez courageux pour dévoiler leurs turpitudes aux yeux des moins clairvoyans; ce sont ces hommes qui dans des écrits pompeusement imposteurs, prodiguaient continuellement les maximes républicaines que leur conduite désavouait ainsi que leur cœur; qui ne cesserent d'indiquer aux citoyens les traits caractéristiques du fonctionnaire probe, pour mieux aveugler le peuple sur leur conduite. Eh, malheureux, ces principes sacrés sur lesquels repose l'édifice auguste de notre régénération et que vous avez profanés, distinguent le magistrat intégre, par la simplicité, par la modestie, par la précieuse pauvreté après la cessation de ses fonctions magistrales (*) et par la soumission aux volontés du souverain et des autorités supérieures. Vous reconnaissez vous à ces traits...? comment? vous ne rougissez déjà plus...! vous criez à la calomnie...! vos cœurs, vos fronts endurcis sont inaccessibles au remords et à la honte...! allez, la vindicte publique vous attend, puisque le mépris public est un châtiment trop léger pour des êtres, qui ont sçu étouffer le cri de leur propre conscience!

C'était vraiment une chose digne de remarque, que de voir paraître au mois de germinal de l'an 2, un avis signé *Vilvot et Guidinale*, par lequel tous les citoyens furent sommés de déclarer les effets des émigrés dont ils pourraient avoir connaissance, sous peine d'être regardés comme suspects, mis en état d'arrestation et traduits au tribunal criminel du département; tandis qu'on n'aurait eu qu'à faire une visite domiciliaire chez les *conservateurs* pour récupérer à la république une grande partie de ce que les loix d'alors lui avaient déclaré acquis. Mais malheur à l'infortuné, qui aurait dans sa bonne foi républicaine pû concevoir un dessein aussi téméraire! La mort lente d'une prison pestilentieuse ou la mort

des

*) Qu'on jette les yeux sur l'état présent de Vilvot, sur les biens immeubles qu'il a sçu acquérir et sur son état antérieur; qu'on le considère nager dans l'opulence et le superflu, et qu'on se représente sa modestie à faire la cour pour très-peu de choses, il y a quelques années, et qu'on juge!

des conspirateurs sur l'échaffaud eûrent été son infaillible châtiment. Le citoyen *Schramm* de Haguenau, alors juge de paix, avait eu connaissance par le citoyen Jean Daniel *Hess* administrateur du district suspendu dans une épuration faite par le représentant *Bar*, qui y a nommé *Vilvot*, qu'ayant trouvé dans une maison d'émigré un sceau aposé avec de la cire molle déchiré par un des commissaires conservateurs, en avait aposé un autre et écrit sur la bande de papier : respectés au moins mon sceau si vous ne voulés pas respecter celui de la république et que lui *Hess*, s'est rendu chez la femme du gardien de cette maison, qui lui a fait une déclaration de tous les enlévement faits dans cette maison. En outre le cit. *Schramm* a recueilli une dénonciation grave contre *Vilvot* faite par Jean *Flek* dont il a été parlé plus haut, qu'il a remise au citoyen *Ulrich* membre de l'administration départementale d'alors, mais dont celui-ci ne fit aucun usage, disant qu'il ne pouvait rien au département, *Vilvot* y ayant trop d'amis. Cette inactivité de ce fonctionnaire, jette en effet du louche sur sa conduite et sur celles de ceux qui furent alors ses collégues. Il est du devoir des fonctionnaires de faire connaître les dilapidateurs, de leur faire rendre gorge, et d'appésantir sur leurs têtes tout le poids de la responsabilité attachée au maniement des deniers publics, ou d'être soupçonnés de complicité avec eux.

Quoiqu'il en soit, le citoyen *Hess*, fut arrêté quelque tems après et traduit au tribunal criminel du département. *Vilvot* qui devait déposer dans la procédure, parut à l'audience ; mais craignant que les répliques de *Hess* ne l'inculpassent et ne le rendissent accusé à son tour, a sçû faire en sorte que le tribunal s'est récusé, et a déclaré *Hess* justiciable du tribunal révolutionnaire à Paris. *Schramm* eut le même sort; heureusement pour ces deux citoyens, le 9 thermidor a mis fin au carnage judiciaire, sans quoi leur courage à dénoncer les dilapidateurs leur aurait couté la vie.

Mais si le 9 thermidor avait brisé les échaffauds de ces deux victimes de la férocité de *Vilvot*, il n'avait rien changé dans la situation de la commune d'Haguenau. Les mêmes hommes y dominaient encore, et le nombre des victimes n'avait diminué que très peu. On a déja vu par l'exemple du citoyen *Bender*, comment *Vilvot*, cet homme astucieusement pervers, a sçu éloigner ce témoin de ses forfaits et de sa cruauté. Or, il y avait encore à Haguenau le citoyen *Devigne*, commandant temporaire de la place, et le citoyen *Mouton* aide garde-magasin à Haguenau, qui l'un et l'autre scrutèrent un peu trop ouvertement la conduite de *Vilvot* et de ses co-conservateurs; le premier n'obtint donc par le certificat de bonnes moeurs dont il avait besoin et qu'il avait demandé au comité de surveillance, dont quelques membres avaient été collaborateurs de *Vilvot*; et *Vilvot* président du district et ses collégues le dénoncèrent dans un imprimé comme *brutal*, sans doute parcequ'il n'avait pas voulu faire la révérence au patriotisme de *Vilvot*. Mais le citoyen *Devigne* a obtenu une éclatante justice par les certificats de son corps, des officiers de la garde nationale, et de la société populaire d'Haguenau, et enfin par un arrêté des représentants Foussedoire, Ferand et Neveu, qui déclarèrent calomnieuse la dénonciation du district. Mais le citoyen Mouton fut obligé de quitter Haguenau et de se faire placer ailleurs pour se soustraire à la vengence de Vilvot et compagnie.

Cette adresse contenant les dénonciations contre Devigne n'est remarquable que par une imprécation adroitement amenée contre *Robespierre* et *st. Just* alors guillotinés et ne pouvant plus être d'aucune utilité au commissaire conservateur, et par de serviles adulations pour les habitans du Bas-Rhin, quoique dans une adresse antérieure, signée seulement du président du district, la sainte montagne et le comité de salut public aient été prônés comme les dieux tutélaires de Vilvot, et les allemands qui ne veulent pas se laisser gouverner par des *Welches* tels que Vilvot dont les *talens*, la *probité* et le *patriotisme* ont été indispensablement nécessaires à ces malheureuses contrées du Rhin, dénuées de tout celà; où ces allemands dis-je ont été déclarés, ineptes, égoïstes, traitres et contre-révolutionnaires, parcequ'ils osaient douter de l'infaillibilité du *conservateur* Vilvot.

Cependant la révolution qui s'était opérée dans les opinions était parvenuë après quelque tems à étendre aussi son influence sur la commune de Haguenau: Vilvot n'était plus administrateur du district; mais avait-il rendu aussi le compte de sa gestion des effets des émigrés? Oui, et il a bien fallu que le département d'alors composé de ses amis et protecteurs lui en fit rendre un: *il fallut*, dis-je, parceque le représentant Foussedoire l'avait ordonné. Mais on n'a qu'à lire attentivement la délibération du département du 22. brumaire 3 où ce prétendu compte est contenu pour voir que c'est un résumé très imparfait, qui n'est appuié d'aucune piéce justificative, et où l'on s'était bien gardé d'entrer dans aucun détail.

On n'y trouvera pas par exemple, que 1.° dans la maison de l'émigré *Israel* devaient se trouver huit sacs de Riz, et que cepandant il n'en a été versé au dépôt que trois.... question : que sont devenus les cinq restans?

2.° Que des douze bouteilles de liqueur, que le municipal *Kessler* a porté de la maison de l'émigré *Warstatt* au dépôt général, le nommé *Bauch* gardien de la maison de l'émigrée Pfender en a extrait six sur un ordre verbal de Vilvot, et que le reste a également disparu. Question : où Vilvot *conserve*-t-il cette liqueur?

3.° Qu'un jour les nommés Joseph *Bauch* et Henri *Schweighaeuser* ont apporté un grand balot de linge sâle dans la maison de l'émigré Hager, pour y être blanchi d'après l'ordre de Vilvot. Question : Ce linge a-t-il été replacé au dépôt? et dans ce cas en a-t-il été dressé inventaire lors de l'enlévement et du replacement?

4.° Un chariot plein de bonne farine a été enlevée de la maison de l'émigré François *Merkel* et transportée au dépôt : Où est elle? Où est l'inventaire qui en a dû être dressé?

5.° Le 5. germinal 2. Joseph Bauch et la servante de Vilvot ont emporté du dépôt un panier long et un sac, dont on ne sait pas le contenû; et Vilvot y fût présent en robe de chambre.... Qu'y avait-il dans ce panier et dans ce sac? N'est-il pas vrai que la servante de Vilvot était aussi *conservatrice*....?

6.° Le même jour le matin à six heures, Vilvot présent, Michel *Oster* a enlevé du dépôt deux rézeaux de grains, et trois petits sacs de légumes secs.... Qu'en a-t-on fait? Quel inventaire en a-t-il été dressé?

7.° Le même jour la fille du citoyen Gunterot de Haguenau, accompagnée d'un commissaire *inconnû*, a reçu du dépôt par les mains du gardien Bauch deux toilettes.... Qui lui en a donné la permission? En a-t-on dressé inventaire?

8.° Le 7 germinal la fille de Schweighaeuser et sa servante ont vû enlever du dépôt plusieurs objets et des pots apparemment remplis de beurre fondû.... Que sont-il devenus? En a-t-on tenu compte?

9.° Le 8e, Bauch qui avait toujours les clefs du dépot en a enlevé un sac de farine, et Joseph Gruber le batteur l'a aidé à charger... Où l'a-t-il transporté? L'a-t-on payé? L'argent a-t-il été versé dans les caisses nationales?

10.° Le citoyen *Guidinale* collaborateur de Vilvot a fait enlever par Joseph Bauch de la sacristie du ci-devant couvent des Capucins, en présence de Félix Bök, sellier à Haguenau, un panier plein de serviettes et d'ornemens d'église d'or et d'argent... Que sont devenus ces objets?

11.° Tandis qu'on vendait à l'enchère les meubles de l'émigré *Adrian* dans les étages supérieurs de sa maison, Ignace *Bernhard*, enleva de la cave par ordre de Vilvot les pommes de terre qui s'y trouvèrent... Ont-elles été portées sur l'inventaire de la vente?

12.° Il a été dit à la société populaire, qu'on avait vu le citoyen Guidinale la nuit à huit heures enlever des objets de la cave de la maison dite l'arbre verd, appartenante à un émigré... Quels étaient ces objets...?

13.° Le citoyen *Doersch* commissaire a déclaré que lorsqu'il fut chargé d'inventorier dans la maisoh de l'émigré *Arnold*, les citoyens Vilvot et Guidinale lui défendirent d'inventorier dans la cave, mais d'y aposer les scellés, n'y en ayant jamais été aposés, et le vin coulait dans la cave comme un ruiseau.

Le citoyen *Vinzens* peut également attester qu'on lui a fait la même défense.

Tout celà ne se trouve point dans la délibération du département du 22. brumaire 3, et ne pouvait pas s'y trouver, car il est très vraisemblable qu'il n'a été tenu aucun registre des entrées et sorties du dépot. Mais le département aurait dû conformément à l'arrêté du représentant Foussedoire, imprimer et faire afficher non sa délibération, mais le compte rendu par les commissaires; car cet arrêté de Foussedoire ayant été provoqué par les innombrables plaintes des citoyens et citoyennes de Haguenau, il aurait fallu, tel que Foussedoire l'avait ordonné pour calmer les esprits faire connaître les opérations des conservateurs. Mais on ne l'a pas fait: et je le repête, le fonctionnaire qui néglige de découvrir les dilapidateurs doit être soupçonné de complicité.

C'est le comble de la dérision, quand le département dit dans sa délibération: "ils „(les commissaires) firent dresser de même à „Haguenau sous un hangard, un grand nom„bre de tables, où plus de 200 défenseurs „de la liberté trouvaient continuellement des „comestibles et denrées de première nécessité „et de toutes espèces. „

Ces tables dressées sous un hangard, n'étaient rien autre chose que des revendeuses qui achetaient du pain, des pommes de terre qu'elles apprêterent et qu'elles revendirent aux défenseurs de la patrie, tel qu'on voit cela tous les jours sur la place d'armes à Strasbourg, sans qu'il y ait jamais eu ni commissaire *conservateur* ni commissaire *consommateur*.

Un autre paragraphe de cette délibération porte, que 32 voitures chargées des effets les plus précieux ont été extraites du dépot-général de Haguenau, *pour être* transférées à Bourglibre et échangées.

D'abord on ne dit pas en quoi consistaient ces effets précieux, on ne fait pas connaître le compte tel que l'exigeait le représentant Foussedoire. En second lieu, on ne dit pas pourquoi on a fait échanger des effets précieux qu'on aurait pû vendre à un bien plus grand avantage sur les lieux ou à Strasbourg. Et enfin on dit : pour être (les voitures) transférées à Bourglibre, c'est-à-dire qu'elles ne l'ont pas été. Or, où sont-elles ? Ne serait-il pas permis aux gens du commun de voir des effets précieux, voire même d'en acheter s'ils ne sont pas trop chers pour des non-fonctionnaires-supérieurs-moyens et bas-conservateurs ? Ou ont ils eu le sort des autres objets *soigneusement conservés ?* ont-ils servi de *gâteau conciliateur* entre les comptables et leurs absolvateurs...?

Aussi l'administration du district de Haguenau a-t-elle senti toute la défectuosité de cette manière de rendre compte, et le 14 Frimaire 3, elle prit un arrêté, où s'apuiant de son droit exclusif de connaître de cet objet, elle ordonna que les commissaires conservateurs seront tenus de rendre compte dans le délai de deux décades de leurs opérations, relatives à *la vente* qu'ils ont faite des effets des émigrés et à la *disposition qu'ils ont donnée à une partie* de ces mêmes effets qui étaient confiés à leur simple *surveillance.*

On voit par cette disposition que Vilvot et compagnie n'étaient que commissaires surveillans. Mais cette fonction n'admet pas une faculté assez *active* ; il a fallu s'arroger le titre de *conservateurs supérieurs*, et comme il y a une infinité de méthodes pour procéder à la *conservation* des objets, personne ne pouvait connaître les limites des mesures conservatrices.

Mais jusqu'à ce jour on n'a pu parvenir à voir éclorre ce terrible compte, et il parait que c'est la pierre philosophale en matière *conservatoire.* Si toutefois les effets des émigrés avaient été aussi scrupuleusement conservés que l'est ce compte, et la république et les individus ne se trouveraient pas frustrés d'une grande partie de leur bien. Encore aujourd'hui le citoyen *Schaeffer* de Bischwiller, sévère et incorruptible républicain, nommé commissaire vérificateur de ce compte par l'administration centrale actuelle, ne peut parvenir malgré tous ses efforts à se procurer les moindres renseignemens à cet égard. Il faut espérer que l'administration centrale en général ainsi que chacun de ses membres en particulier s'empressera d'éloigner tout soupçon qui par un plus long silence planerait sur leurs têtes, de déclarer la délibération de ses prédécesseurs du 22. Brumaire 3, comme nulle et non avenue et enjoindra à Vilvot et ses coopérateurs de rendre enfin un compte clair et précis, sous peine d'être dénoncé à l'accusateur public près le tribunal criminel du département.

Passons maintenant au rôle que Vilvot joue aujourd'hui dans notre département et particulièrement à Haguenau. Il y a dans cette dernière commune un grand nombre d'habitans qui sont inscrits sur la liste des émigrés. Ceux dont Vilvot a *entièrement conservé* les biens, ont été obligés de déguerpir sur le champ par un effet du *patriotisme pur* de Vilvot, sans examiner s'ils sont véritablement émigrés, car ce n'est pas de cela qu'il s'embarrasse. Ceux qui restent, c'est à-dire dont les biens n'ont été *conservés qu'en partie* et qui ont obtenu des radiations provisoires, il leur fait espérer de leur procurer leur radiation définitive, tandis que sous main il fait tout le contraire. Et cette manœuvre à deux motifs. Le premier, c'est celui de se faire des partisans et être maintenu dans les places publiques, et même de se faire nommer à des plus éminentes, telles que celles d'administrateur central, de juge, de législateur, de *conservateur d'hypothèques*, etc. Le second et c'est celui là qui est le plus important et le plus astucieux, c'est qu'en flattant de l'espoir d'une radiation définitive, le citoyen bercé de cette espérance ne réclame pas des biens perdus ; et pourtant il faut tâcher de maintenir le provisoire, car la radiation définitive une fois obtenue, les réclamations pourraient commencer tout de même. Sauf à Vilvot à trouver un expédient qui le mette à l'abri des réclamations en faisant un jour déporter, non des émigrés, mais des dépouillés *).

*) Quant à son administration, on le demande : pourquoi à l'occasion de l'emprunt forcé il a toujours imposé la classe moyenne, et ménagé les millionnaires, et entr'autres soi-même Vilvot, après s'être déclaré à une certaine époque faire partie de la classe *aisée* ?

Voilà la conduite actuelle de Vilvot; déjà elle lui a valu jusqu'à présent les places qu'il occupait avant et après la mise en activité de la constitution, et il est étonnant que le département instruit au moins des efforts inutiles que fait le citoyen Schaeffer pour obtenir un compte quelconque de la gestion de Vilvot, ait nommé cet individu commissaire provisoire près l'administration municipale de Haguenau, et le laisse aujourd'hui dans la place de municipal.

Sans vouloir prononcer sur les faits que le département reproche au citoyen Hild, nommé commissaire par le directoire exécutif et révoqué aujourd'hui, il est au moins sûr que les reproches de Hild à Vilvot sont très fondés. Ils se trouvent consignés dans un mémoire que ce dernier a publié à Paris le 6. Frimaire dernier.

Il y dit (page 9.) que la place de conservateur des biens des émigrés a procuré tout à coup à Vilvot une opulence qui contraste scandaleusement avec son état antérieur, et par le moyen de laquelle il avait sçu se faire des amis, parmi lesquels il compte le citoyen *Barbier*, jadis secrétaire-général du département et aujourd'hui son président. *)

Pourquoi on force pour ainsi dire tout le monde à payer les chevaux et chariots que la commune doit fournir, et auxquels ne doivent contribuer que ceux qui ont du labourage?

Pourquoi oblige-t-on les citoyens de Haguenau à faire des corvées personnelles, que la loi a proscrites? n'est ce pas une atteinte manifeste portée aux premiers principes de la révolution? O la sage et loyale Administration!

*) Le C. Barbier sera faché sans doute, d'avoir coopéré sans le vouloir aux friponneries de Vilvot. L'année dernière, et quelques tems après sa

Il reproche à Vilvot et au département (p. 15.) l'acquisition de ce premier du ci-devant couvent des Annonciades à Haguenau, estimé d'abord 93,197 livres; puis à 69,879, mais encore trop cher pour Vilvot, enfin au prix vil de 28,000 livres. Quoique ce bien ait été soumissionné par la femme Pascal de Strasbourg, tout le monde sait aujourd'hui et même le département qu'elle n'a agi que pour Vilvot.

Cet homme qui affecte toujours de n'occuper des fonctions publiques qu'à regret, n'a pas été plutôt instruit de la nomination d'un autre commissaire près l'administration municipale d'Haguenau, qu'il fit colporter une adresse par ses créatures, et comme on a vu plus haut qu'il a sçu se ménager des partisans tout en les trompent sans cesse, ceux-ci ont signé l'adresse contre Hild, et quoique le directoire ait nommé un autre commissaire et n'ait choisi ni Hild, ni Vilvot, ce dernier a néanmoins obtenu la place d'administrateur municipal, par l'adjonction qu'en ont faite les autres administrateurs municipaux. Après ce triomphe, Vilvot a adressé des remercimens aux citoyens de Haguenau. Analysons cette adresse pour bien connaitre la marche tortueuse de l'individu,

nomination au Département, le C. Barbier est venu à Haguenau sans doute par les instigations de Vilvot, il s'y est promené avec ce dernier bras sous bras, ce que Mr. *Hardel de Wilvot* n'a certainement fait que pour montrer aux hommes de trop de bonne foi qu'il peut tout sur l'esprit du Président départemental, et qu'ils aient à s'agenouiller devant lui et à passer par où il voudra. Je le dis à regret, mais cette liaison n'a pas gagné au C. Barbier les coeurs des républicains purs et véritables.

les dehors qu'il sait donner à ses démarches les plus perfides, et les moyens qu'il employe pour captér la bienveillance de ceux même qu'il immole à sa vengence et à sa cupidité.

Il débute par cette jolie phrase : " le vif in-„ terêt que vous avés manifesté en ma faveur, „ les *démarches* que vous avés faites, lorsque „ vous avés appris que le directoire exécutif „ avait nommé un commissaire près l'adminis-„ tration de Haguenau, mérite à tous égards „ que je vous témoigne ma *juste reconnaissance.* „

Or, les démarches que Vilvot a fait faire à quelques citoyens de Haguenau, sans qu'ils en connussent les conséquences, c'est-à-dire en les engageant de se porter sur la maison commune, lorsque Hild s'y présentâ pour faire enregistrer sa nomination et de le menacer de le jetter par les fenêtres s'il ne décampait pas, mérite certainement que le gouvernement témoigne à Vilvot qui voulût rester commissaire malgré lui, *sa juste reconnaissance*.... Quelque soit Hild, ce n'était pas en portant les citoyens égarés de se déclarer tumultueusement contre lui qu'on aurait dû manifester ce voeu, mais par des simples représentations. Et Vilvot cette fois aussi a oublié d'agir avec cette prudence qu'on lui connait; car en remerciant les habitans de Haguenau des démarches qu'ils ont faites en sa faveur, il donne suffisamment à entendre, que c'était pour avoir le cher Vilvot dans la place de commissaire; tandis qu'un bon citoyen, *sans ambition*, se soûmet aux volontés du gouvernement quand il ne s'agit que de sa personne.

Il a la bonté de dire que le directoire n'a point commis d'injustice envers lui, *qu'il ne connait point.* Cette manière de justifier le directoire est piquante, et Vilvot ne savait certainement pas en l'écrivant qu'il consolerait les républicains avec ce peu de mots ; car maintenant ils savent que si Vilvot n'est pas encore poursuivi pour ses dilapidations c'est parceque le directoire *ne le connait point* ; sauf donc à le lui faire connaitre.

Prenant ensuite la chose au sérieux, il dit qu'il ne peut se dissimuler, qu'il est glorieux, doux et flatteur pour lui d'avoir *mérité* la confiance et l'estime des citoyens de Haguenau. Doux et flatteur d'être en place, à la bonne heure ; cela se conçoit ; il est doux de commander pour qui serait embarrassé d'obéir ; il est flatteur pour qui a de l'ambition d'être revêtu d'un emploi ; mais *glorieux de l'avoir mérité!!* cela passe le badinage! bientôt Vilvot parlera de gloire comme Buonaparte parce qu'il était quartier-maître d'un bataillon, où comme on sait, il a éminemment *mérité la confiance* de ses frères d'armes (videatur *Perrin et son jugement au tribunal révolutionnaire.*)

Après cette invocation poëtique à la gloire, il commence à faire le dénombrement de ses vertus magistrales. D'abord il a contribué au *bon ordre*, sans doute en excitant des citoyens égarés à se porter en tumulte sur la maison commune et de menacer un envoyé du gouvernement de le jetter par la fenêtre. Au *rétablissement des finances.* De quelles finances ? De celles de la République, de la commune ou des vôtres, Vilvot ? Si vous parlés des premières ; vous en devés les preuves ; mais s'il ne s'agit que de vous, personne ne vous le contestera, et vous êtes à tous égards un fameux financier. A la *restauration de l'hospice civil*, en y plaçant les verificateurs de ses comptes.

Au payement des ouvriers et employés, témoin Jean Flek, auquel il a voulu généreusement accorder un *mandat de payement sur le tribunal révolutionnaire. Les personnes et les propriétés respectées*; témoins Bender et les filles de la maison *Pfender* pour les personnes, et la Rechemühl et la maison Pfender pour les propriétés.

Mais tout à coup Vilvot qui dit que sa gaité ne l'abandonne jamais, se fâche contre des *ambitieux*, qui n'aspirent au nom de magistrat du peuple que par amour propre ou par un interêt sordide, et souvent sans moyens pour en remplir les fonctions. On croirait qu'il a voulu se peindre trait pour trait. Car si on cherche un ambitieux plein d'amour propre, ne cherchant que son interêt personnel, et qui n'a pas même les moyens pour être secrétaire du plus petit agent de la plus petite commune, on n'a qu'à prendre Vilvot et il répondra pleinement à l'idéal qu'on se propose.

Il dit qu'il est fâché de ce que le citoyen *André*, commissaire du directoire près l'administration centrale ait traité les députés de Haguenau de factieux.... Sans doute les citoyens de Haguenau ne sont pas des factieux; mais ceux qui les font mouvoir, qui les trompent, qui les portent à des excès, ceux-là sans contredit sont des factieux, qu'il est de l'interêt de la chose publique de comprimer et de faire rentrer dans le néant du mépris universel qu'ils ont justement mérité. Ce sont certainement là les *intrigans*, *agitateurs* et *avanturiers* que Vilvot veut désigner, et qui attisent sans cesse le feu de la discorde, ayant besoin du trouble pour avoir des places, et des places pour être à l'abri des attaques et pour mieux cacher leur opprobre.

Vilvot dit que le citoyen André n'est pas bien informé quand il prétend qu'il y a des émigrés et des réquisitionnaires à Haguenau. Mais le citoyen André sait peut-être comme il a été dit plus haut, qu'il y aura des émigrés à Haguenau aussi-tôt que l'interêt de Vilvot exigera l'expulsion de quelqu'un*) et qu'il n'y

*) Pour donner une idée de l'exécution que Vilvot donne à la loi du 22 Nivose, relative aux personnes revenues d'outre-Rhin, il suffira de ces deux exemples. Un nommé *Seiffert*, qui avant sa fuite travaillait à Haguenau, en qualité de clerc de Notaire, était cabaretier et tenait une petite boutique d'épicerie, fut arraché des mains de sa famille et par le crédit de Vilvot déporté, parceque par ses connaissances dans les environs de Haguenau, il attirait tous les gens de la campagne chez le C. Donat, où il travaillait depuis son retour, ce qui préjudiciait au notariat du C. *Lambert*, ami de Vilvot.

De même Rémi *Marchal* aurait été déporté avec sa femme et sa fille, si une maladie ne les avait sauvés. Le crime de ce dernier consiste en ce qu'il a peu de tems après la prise du Fort-Vauban par l'ennemi défendu à Rastadt des républicains contre l'un des traitres de ce fort, et les a préservés ainsi des fers des autrichiens et peut être de la mort, au nombre desquels se trouve aussi l'auteur de ce mémoire, qui à son retour à partout fait connaitre ce trait qui mérite à tous égards la reconnoissance des gens de bien, et qu'il a communiqué à la municipalité de Haguenau et au ministre.

Voilà deux hommes que Vilvot traite comme des émigrés, tandis qu'il laisse sous les yeux de la municipalité de Haguenau d'autres qui sont bien plutôt dans le cas de la loi du 22 Nivôse. Non que j'aie quelque désir de persécuter.... l'on me connait, je ne désire rien tant que l'union et la douceur; mais j'ai voulu seulement faire connaitre la justice distributive de Vilvot, et sa manière d'agir avec les loix.

en aura pas, aussi longtems qu'on ne remuera pas la question de la conservation....

Le citoyen André dit-il manifeste une antipathie déplacée en s'attachant à vexer la commune de Haguenau; mais vexe-t-on la commune en attaquant les menées de quelques intrigans? vous dites Vilvot, qu'il s'adresse à vous, si son antipathie vous est personnelle; mais il n'y a rien qui presse; cela viendra, et peut-être plutôt que vous ne le désirés. Il trouvera dites-vous, un citoyen fier d'être français. Pour le coup je crois à cette fierté; car si vous n'étiés pas français, vous n'auriés été ni quartier-maître, ni conservateur, ni administrateur, ni commissaire, etc.

Il condescend cependant à dire la cause de ce qu'il appelle la vindicte du citoyen André contre lui; c'est parceque lui Vilvot, lui le censeur né des fonctionnaires qui peuvent tomber dans un oubli quelconque de leur devoirs, a dit au citoyen André, que les *fonctions* d'homme de loi, d'avoué près les tribunaux, étaient *incompatibles* avec les grandes occupations du commissaire central d'un département, théatre de la guerre.... N'étant pas le défenseur du citoyen André, je n'ai pas besoin de répondre au fond de la chose; sans quoi je pourrais dire au grand législateur *Lycurgue-Vilvot* qu'un homme de loi n'est point un fonctionnaire et que par conséquent il ne peut y avoir de loi qui prononce une imcompatibilité entre cette *profession* et la *fonction publique de commissaire exécutif:* mais j'observerai seulement *au gai, franc et sincère* Vilvot, qu'il y a bien imcompatibilité entre *la fonction de dénonciateur* et celle de *lanceur* de mandats d'arrêts; entre *la fonction de conservateur supérieur des biens des émigrés et celle de président de district.* La première de ces cumulations peint l'homme sans pudeur et sans moralité, et la seconde l'homme sans délicatesse fuyant la comptabilité à l'ombre de l'incompatibilité; qui sevoyant accusé sur ses opérations conservatrices par les victimes de sa vengence et de sa cupidité, ordonne comme président de district de les conduire devant un tribunal éloigné pour leur ôter la faculté de se faire entendu. N'est ce pas, censeur Vilvot, il n'y a pas incompatibilité à celà? non, non, vous avez raison; ce n'est pas du tout incompatible avec votre façon de penser, avec votre caractère doux et bénin, et tout bien considéré vous n'avez fait tout ceci, que pour maintenir le *bon ordre*, pour la restauration *des finances* et pour *protéger les personnes et les propriétés*: c'est donc une calomnie atroce de dire que vous avez occupé des places incompatibles ... !!

“Il en est quelquefois, dit Vilvot très sententieusement, de la probité, comme du courage chez les hommes et de la sagesse chez les femmes: plus on en parle, moins on en a.„ C'est vrai, mais c'est dommage que cette sentence soit tout à fait applicable à Vilvot; il y faut seulement ajouter: et de la *gaité*, de la *franchise* et de la *sincérité* chez ceux qui n'agissent que par dissimulation; de la *science financière* chez certains *restaurateurs* de finances, de l'humanité chez certains dénonciateurs; de la conservation du bien public chez certains conservateurs, etc. etc.

Vilvot soutient que ne sachant pas la langue allemande, sa recommendation fut donc toute entière dans ses actions. C'est une erreur, et il est à parier que personne n'a encore bien compris ses actions et qu'aussitôt qu'elles seront *traduites*, c'en sera fait de la recommendation...

Il est inutile de répondre au surplus de cette prétendue adresse de félicitations, où à chaque mot on brave la conviction publique, le cri des familles et l'opinion véritable dont chaque homme probe de ce département s'est pénétré à l'égard de Vilvot.

J'ai rempli ma tâche; j'ai indiqué aux autorités consituées la trace qu'il faut suivre pour dénouer toute la chaine des noirceurs, des vexations; des dilapidations commises à Haguenau depuis l'an 2. Dans l'attente assurée qu'elles rempliront leur devoir, je m'en repose sur leur zèle. Pour moi m'étant voué à rendre à ma patrie ce service, à montrer aux hommes non-instruits que la grande majorité des républicains est par son essence amie de la probité et ennemie implacable des *patriotes en payant*, je me résigne à tout ce qui pourrait m'en arriver en repêtant mon épigraphe.

Qu'importe ce qu'un jour on pourra publier;
Dans l'interêt commun sachons nous oublier.

Haguenau ce 15 ventôse l'an cinquième de la République française une et indivisible.

Le juge de paix de la seconde section du canton d'Haguenau

F. PICQUET.

www.ingramcontent.com/pod-product-compliance
Lightning Source LLC
LaVergne TN
LVHW020241230826
846091LV00006B/2212

* 9 7 8 2 0 1 2 9 3 5 5 1 8 *